Artistes I numéro 55

THOMAS GAINSBOROUGH,
ENTRE PORTRAIT ET PAYSAGE

— Un autodidacte aux origines
du romantisme anglais

par Thomas Jacquemin

50MINUTES

Avec la collaboration de Stéphanie Reynders

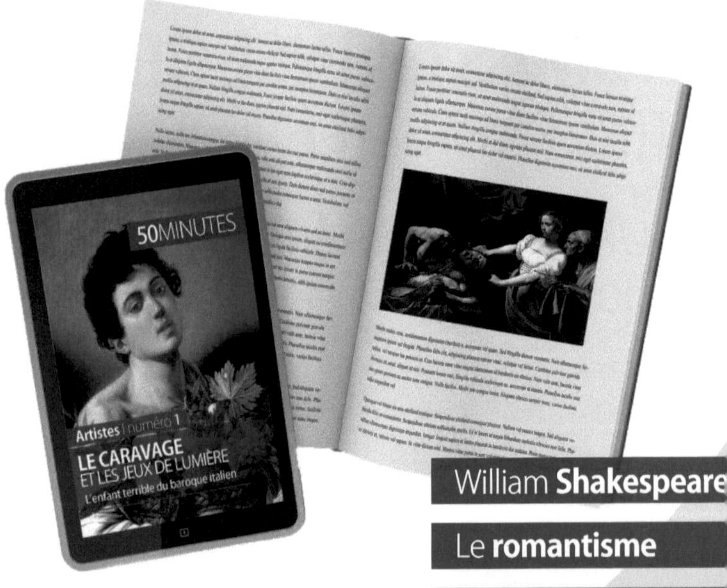

THOMAS GAINSBOROUGH

- **Naissance ?** Né au printemps 1727 à Sudbury (Suffolk).
- **Mort ?** Décédé le 2 août 1788 à Londres.
- **Contexte ?** Le royaume de Grande-Bretagne et le préromantisme anglais.
- **Œuvres majeures ?**
  - *Mr and Mrs Robert Andrews* (1748-1750)
  - *Les Filles du peintre en train de chasser un papillon* (1756)
  - *L'Enfant bleu* (1770)
  - *Paysans allant au marché* (1773)
  - *L'Honorable Mrs Thomas Graham* (1777)
  - *Mrs Mary Robinson* (1781)
  - *La Fille à la cruche* (1785)
  - *Mr and Mrs William Hallett* (1785)

Originaire du Suffolk, Thomas Gainsborough est un amoureux inconditionnel du monde rural dans lequel il a grandi avant l'avènement de la première révolution industrielle en Angleterre. Sans avoir reçu de formation artistique, cet homme issu d'une famille de commerçants s'initie à la peinture au gré de ses expériences, de ses rencontres, de sa pratique et de son amour pour les œuvres des grands maîtres flamands, qui le poussent à toujours envisager d'une manière différente sa relation avec les modèles, les paysages et les émotions. Autodidacte de génie, il contribue ainsi à la renaissance de la peinture anglaise au XVIIIᵉ siècle.

Résolument tourné vers son pays natal, il se désintéresse des événements mondiaux de son siècle ainsi que des désidératas de sa clientèle, cherchant inlassablement à créer davantage que le simple portrait que tous ces amateurs de représentations fidèles lui réclament. Ce travailleur irrégulier traverse son époque en bon vivant et aime s'entourer d'autres artistes issus de tous les horizons. La musique, particulièrement, est une réelle passion dont l'influence se retrouve jusque dans sa conception de la peinture. Son trait, ses inspirations, son approche libre et novatrice de son art font de Gainsborough un précurseur des principaux mouvements picturaux du XIXe siècle, notamment le romantisme.

CONTEXTE

UNE ANGLETERRE VICTORIEUSE

Tout au long du XVIIIe siècle, l'Angleterre est au zénith de sa puissance. Déjà avantagée suite aux guerres de succession d'Espagne (1701-1714) et d'Autriche (1740-1748), elle sort victorieuse de la guerre de Sept Ans (1756-1763) qui lui octroie de nouvelles colonies et lui assure la domination des océans. Le grand Empire britannique connaît alors son âge d'or, qui perdurera au siècle suivant.

Dans la seconde moitié du XVIIIe siècle apparaissent également les premiers soubresauts de la révolution industrielle. L'heure est aux inventions et aux innovations de toutes sortes. Parmi celles-ci, mentionnons notamment la navette volante de John Kay (1704-1779), un métier à tisser innovant qui déclenche un incroyable développement de l'industrie textile, ou le moteur à vapeur développé par James Watt (1736-1819) à partir des années 1770. Aussi crée-t-on d'importantes manufactures qui, dénaturalisant l'espace rural, provoqueront la nostalgie des romantiques des générations suivantes.

Toutefois, le siècle se clôt sur une note plus sombre, avec la guerre de l'Indépendance américaine (1775-1783). En 1775, lorsque l'Angleterre entre en conflit avec ses colonies d'Amérique du Nord suite à un désaccord au sujet du paiement de certaines taxes, Thomas Gainsborough est déjà un artiste reconnu dont les finances sont assurées par une clientèle avide de ses talents de portraitiste. Cette guerre n'a que peu d'influence sur son parcours, à ceci près que l'artiste peint davantage d'hommes en uniforme que dans les années précédentes.

Les temps sont durs pour la population et les incidents sont fréquents durant cette période rimant avec difficultés sociales et anarchie politique. En effet, une large frange de l'opinion publique du royaume de Grande-Bretagne est opposée à cette guerre, considérée comme fratricide, et la politique répressive du jeune roi George III (1738-1820), sur le trône depuis 1760, est pointée du doigt. Mais Thomas Gainsborough, qui à la politique préfère la beauté de la nature, les femmes, la musique, ainsi que la compagnie des autres artistes, ne laisse jamais transparaître dans ses toiles son sentiment sur ces évènements.

L'ÉCLOSION D'UN ART NATIONAL

Le XVIIIe siècle, surnommé le siècle des Lumières, est également une période de grande émulation intellectuelle et artistique, non seulement en Angleterre mais aussi dans toute l'Europe. Les penseurs et philosophes de l'époque prônent une large diffusion du savoir, défendent l'usage de la raison et de l'esprit critique, luttent contre l'obscurantisme, et militent pour le développement des libertés individuelles. Si la France donne au mouvement des Lumières quelques-uns de ses plus grands noms, par exemple Montesquieu (1689-1755), Voltaire (1694-1778) et Denis Diderot (1713-1784), c'est toutefois en Grande-Bretagne que l'on trouve ses premiers promoteurs, et ce dès le XVIIe siècle : John Locke (1632-1704) et Isaac Newton (1642-1727). Synonyme de progrès dans tous les domaines de la connaissance et de formidable essor des sciences, l'époque observe également un recul de la religion et un nouvel intérêt pour l'homme qui conduit les nations, à la fin du XVIIIe siècle, à se replonger dans leur histoire ou à affirmer leurs particularités afin d'asseoir leur légitimité.

C'est dans ce contexte fertile que la peinture britannique trouve sa spécificité nationale. À la traîne par rapport aux grands courants artistiques continentaux depuis le Moyen Âge, elle n'est pas encore parvenue à se détacher de l'influence des écoles hollandaise, flamande, française et italienne, et se laisse régulièrement tenter par un art imitatif péjorativement considéré comme provincial. Pourtant petit à petit, certains artistes se défont des techniques et sujets conventionnels, et se lancent à la recherche d'autre chose : l'idée d'un art national qui ferait écho au peuple anglais et à son passé éclôt progressivement. On voit alors naître différentes sociétés d'émulation artistique destinées à promouvoir l'art anglais : d'abord la Society of Artists of Great Britain en 1760, puis la Society of Arts en 1761 et, enfin, la Royal Academy of Arts en 1768, présidée à ses débuts par le peintre Sir Joshua Reynolds (1723-1792). Créée sur le modèle de l'Académie royale de peinture et de sculpture, fondée en France en 1648, cette célèbre institution constitue aujourd'hui encore un haut lieu de la culture britannique.

LES PRESTIGIEUX ÉLÈVES DE LA ROYAL ACADEMY

La Royal Academy of Arts a vu défiler dans ses classes quelques-uns des plus grands artistes plastiques que l'Angleterre ait connus : le sculpteur et dessinateur John Flaxman (1755-1826), le peintre-graveur et poète William Blake (1757-1827) ou encore les deux célèbres peintres paysagistes William Turner (1775-1851) et John Constable (1776-1837).

BIOGRAPHIE

LES VERTES ANNÉES

Septième d'une famille de neuf enfants, Thomas Gainsborough voit le jour au printemps 1727 à Sudbury, une petite ville du Suffolk. Peu attentif à l'école, il s'évade grâce au dessin et crayonne abondamment la campagne de son enfance.

Constatant son talent remarquable, ses parents, de modestes commerçants drapiers, l'envoient à Londres afin qu'il s'y forme artistiquement. Il a 14 ans. Logé chez un orfèvre, il fait la rencontre du peintre-graveur français Hubert-François Gravelot (1699-1773), qui accepte de le prendre comme apprenti. Thomas Gainsborough parvient ainsi à gagner un peu d'argent tout en apprenant les techniques du maître, bien que l'art rococo de Gravelot ne marque pas véritablement l'art du jeune autodidacte. De même, ayant intégré une académie située rue Saint-Martin, il n'y est pas assidu et s'en désintéresse rapidement, préférant apprendre par ses propres moyens.

En 1745, à l'âge de 18 ans, il est de retour à Sudbury. Quelques mois plus tard, il y épouse Margaret Burr, une jeune fille de la région. Celle-ci, rentière d'environ 200 livres sterling par an, assure au jeune couple une stabilité financière qui permet à Thomas Gainsborough de se consacrer pleinement à la peinture. Au début de sa carrière, l'artiste ne tire aucun bénéfice de ses nombreux paysages, un genre qui n'est pas encore très à la mode. Il gagne sa vie grâce aux nombreux portraits qu'il réalise des notables de la région. C'est dans l'optique de trouver une clientèle plus cossue que la famille s'installe dans la ville prospère d'Ipswitch en 1747.

La carrière de Gainsborough prend alors son envol et la vie devient plus confortable pour le couple qui accueille deux filles, Mary et Margaret.

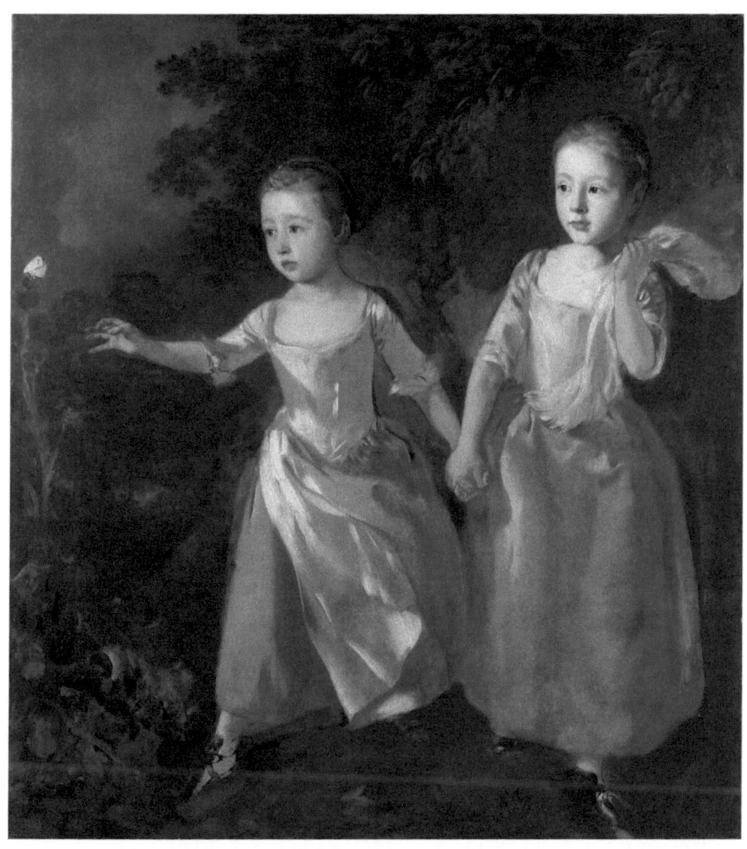

Les Filles du peintre en train de chasser un papillon, vers 1756, huile sur toile, 104 x 113,7 cm, Londres, The National Gallery.

UNE CLIENTÈLE HUPPÉE

À partir de 1760, Thomas Gainsborough s'installe avec les siens à Bath, capitale du comté de Somerset. Cette ville thermale, qui est un lieu important de villégiature pour la noblesse et la haute bourgeoisie anglaises, offre de belles perspectives aux artistes, et Thomas Gainsborough y rencontre le succès. Ses tarifs augmentent et son niveau de vie s'élève considérablement. Désireux de se tenir à l'écart du beau monde qui fait sa clientèle, le peintre se mêle volontiers aux autres artistes, peintres, acteurs et musiciens parmi lesquels se trouvent ses plus proches amis. Passionné de musique, qu'il pratique sur plusieurs instruments à cordes, il cherche à donner de la musicalité à ses toiles, retranscrivant le son à travers la couleur.

Au cours des 14 années qu'il passe à Bath, Thomas Gainsborough gagne en maîtrise. Le portraitiste découvre également les grands maîtres baroques tels que Paul Rubens (1577-1640) et Antoine Van Dyck (1599-1641). Plus que quiconque, ce dernier l'éblouit et l'influence profondément. Dessins vigoureux, coloris éclatants, atmosphère tumultueuse, réserve dans l'expression des modèles, l'Anglais aime tout dans l'œuvre du maître flamand.

En 1765, Thomas Gainsborough devient membre de la Society of Arts et, à la demande de Sir Joshua Reynolds, contribue à la création de la Royal Academy of Arts. Rapidement, les comparaisons entre ses œuvres et celles de ses contemporains l'insupportent et il finit par prendre ses distances avec ses collègues académiciens.

LONDRES : RÉUSSITE, ORGUEIL ET FIN

En 1774, Thomas Gainsborough s'installe avec sa famille à Londres, dans une riche demeure du quartier de Pall Mall. Maîtrisant désormais totalement son art, il cherche à s'attirer une clientèle toujours plus huppée et désire se confronter à son concurrent direct, Sir Joshua Reynolds.

Si cette fin de siècle tourmentée, avec la guerre de l'Indépendance américaine, se montre moins propice aux arts, Gainsborough connaît néanmoins le succès. Devenu célèbre, le peintre effectue à plusieurs reprises les portraits de différents membres de la famille royale. Cela étant, à la mort d'Allan Ramsay (1713-1783), premier portraitiste du roi, c'est Sir Joshua Reynolds qui hérite de ce titre prestigieux. Gainsborough, de son côté, continue de voir défiler dans son atelier tout le gratin de l'Empire britannique.

Sur le plan familial, en revanche, sa situation s'assombrit. En 1780, sa fille Mary cède aux avances de Johann Christian Fischer, un hautboïste fantasque, mais leur mariage ne tient pas, tournant rapidement à la séparation et aux larmes. Quant à la seconde fille du peintre, Margaret, on découvre qu'elle est atteinte de névropathie. Impuissants, ses parents ne peuvent rien faire contre ses crises.

En 1784, de retour depuis seulement six ans dans les expositions de la Royal Academy, Thomas Gainsborough, se sentant lésé face à son grand rival et n'acceptant pas les critiques, claque une dernière fois la porte de la prestigieuse institution. Peu après, à partir de 1786, son état de santé se dégrade et on lui diagnostique un cancer incurable. Son état s'aggrave définitivement durant l'été 1788 et Thomas Gainsborough décède le 2 août de la même année. Il est enterré à Kew, à Londres.

======

CARACTÉRISTIQUES

======

UN PORTRAITISTE PAYSAGISTE

À la fois portraitiste et paysagiste, Thomas Gainsborough s'attelle toute sa vie à mêler les deux genres. Bien qu'il préfère peindre des paysages plutôt que des portraits, le paysagisme ne lui permet pas de vivre. Dès lors, dès le début de sa carrière, il insère des portraits dans ses paysages : il s'agit d'une approche très originale pour l'époque, où les deux genres sont totalement dissociés. Le peintre est constamment à la recherche d'une harmonie entre ses modèles et les arrière-plans, parfois de grande envergure, qui constituent le fond décoratif de ses œuvres. Les uns et les autres se magnifient mutuellement, au point que cette harmonie compte parmi ses plus belles réussites. Chez Gainsborough, paysage et portrait peuvent presque être considérés comme un seul et même genre.

L'artiste peint ses paysages d'après ses souvenirs, ses notes et ses croquis. Tout au long de son existence, Gainsborough reste un amoureux de la campagne anglaise, avec une préférence pour le Suffolk, sa région natale. Il aime s'évader le temps de grandes randonnées, voire de séjours entiers, dans quelque maison secondaire isolée du tumulte citadin et passer de longues heures à admirer la nature.

Sa verve créatrice, en tant que portraitiste, réagit particulièrement bien à l'attrait du beau sexe. Les beautés fines et élégantes l'émeuvent plus que tout autre, et c'est avec ravissement qu'il effectue les études les plus scrupuleuses des étoffes, du maintien et des traits de ses modèles.

PRIVILÉGIER LA SPONTANÉITÉ ET LE NATUREL

Les caractéristiques de l'art de Thomas Gainsborough s'érigent en opposition à celles de ses contemporains, notamment Sir Joshua Reynolds, son grand rival. À l'objectivité d'un art extrêmement rigoureux tel que celui de Reynolds, Gainsborough, autodidacte, préfère le naturel et la spontanéité. Cela fait de lui un artiste en avance sur son temps et un précurseur du romantisme pictural. Passionné par la musique, il compare ses œuvres à des mélodies dont on suivrait naturellement le cours en parcourant la toile. Aussi, travaillant à l'aide de pinceaux de plus en plus longs au fil des années, le peintre donne-t-il à ses toiles un tracé qui évoque bien souvent celui des esquisses, à la fois par sa précision et sa spontanéité.

MÊLER LE MUSICAL AU VISUEL

Dans les années 1780, aux côtés de son ami peintre et décorateur de théâtre, Philippe-Jaques de Loutherbourg (1740-1812), Thomas Gainsborough met au point l'*Eidophusikon* ou « théâtre mécanique », un spectacle de projections sonorisé consistant à projeter, à la lueur de cinq bougies, des images de paysages, le tout accompagné de musique. Sachant que l'art de Gainsborough a toujours été très influencé par la musique et qu'il concevait bon nombre de ses toiles comme on crée une mélodie, la chose n'est pas anecdotique. On peut considérer ce spectacle, qui eut un grand succès à Londres autour de 1782, comme l'aboutissement de sa volonté de mêler le visuel au musical.

L'ensemble coloré de ses toiles, Gainsborough le conçoit d'un jet, avec un trait rapide et vif. Son discours pictural est fait de touches légères, de jeux d'ombres, de contrastes et de lumière, et de reflets chamarrés. Autant de caractéristiques qui annoncent, elles aussi, les peintres romantiques. D'ailleurs, comme ce sera également le cas de ces derniers, chez Gainsborough, c'est l'expression individuelle et la recherche de l'émotion qui importent le plus. C'est pourquoi l'artiste ne peint que d'après nature, refusant de représenter des individus disparus. Il aurait ainsi notamment renoncé à peindre un portrait du dramaturge William Shakespeare (1564-1616). En réalité, il a profondément besoin de sentir la vie sous son pinceau.

Enfin, notons que le peintre soigne particulièrement le traitement des drapés et des plis. Sa gamme de couleurs des étoffes, inspirée par la peinture des maîtres flamands, est subtile et vive.

LE PEINTRE DE TOUTES LES CLASSES SOCIALES

Dans ses portraits, Thomas Gainsborough, cultivé, doué d'humour et d'un caractère plaisant, parvient toujours à tirer le meilleur de ses modèles, et ce quel que soit leur rang social. Ainsi, même les membres les plus illustres de l'aristocratie anglaise se laissent aller à poser avec un grand naturel pour l'artiste qui fait ressortir avec brio le caractère et l'état d'esprit de chacun d'eux. Grâce à sa manière unique de capter les émotions, il parvient à donner aux spectateurs l'impression d'être auprès des poseurs, voire même de partager un instant de leur existence.

S'il représente toutes les classes de la société, c'est surtout la bourgeoisie montante qui se révèle être sa principale source de revenus. Bien que fortunée, elle n'a pas encore le prestige auquel elle prétend et entend bien devenir immortelle grâce aux portraits qu'elle commande auprès des peintres en vogue, et qui constituent dès lors le symbole de sa réussite. Ainsi, Thomas Gainsborough propose une peinture bourgeoise qui se détourne des thèmes classiques et des excès du courant baroque par trop aristocratique.

Il s'intéresse par ailleurs également beaucoup aux paysans et au mode de vie dans les campagnes. Ses scènes du quotidien et de genre sont d'un grand réalisme et témoignent d'un profond respect pour les personnes représentées (*Paysans allant au marché*, 1773). On y décèle incontestablement l'influence de la peinture hollandaise et flamande du XVIIe siècle.

Thomas Gainsborough prête une grande attention à la préparation de ses modèles. Ainsi, il modélise régulièrement dans la cire les expressions et les attitudes spécifiques de ses clients. Ses portraits de grande taille sont également précédés d'études multiples, avec différentes expressions, dont la plus réussie est transposée sur l'œuvre définitive.

SÉLECTION D'ŒUVRES

MR AND MRS ROBERT ANDREWS

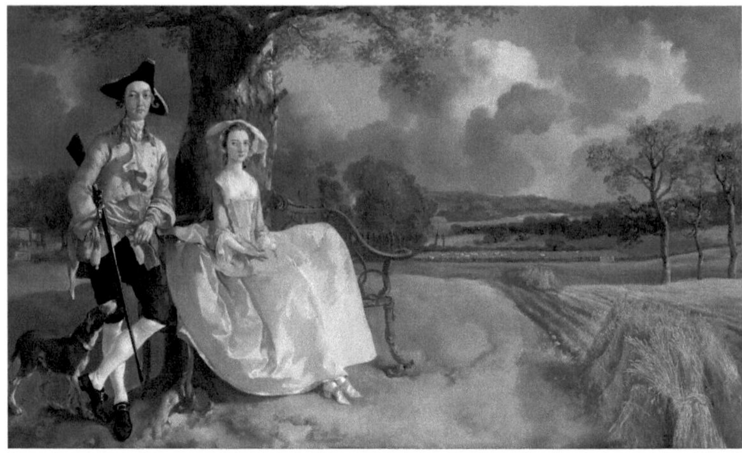

Mr and Mrs Robert Andrews, 1748-1750, huile sur toile, 69 x 119 cm, Londres, The National Gallery.

Dans cette œuvre du début de sa carrière, Gainsborough mêle déjà avec brio portrait et paysage, au point que les personnages peuvent être considérés comme des éléments d'égale importance avec le décor.

Le jeune couple de cette toile est représenté dans les alentours de Sudbury où il s'est marié en novembre 1748. L'époux, Robert Andrews of Aubéries, se tient les jambes croisées dans une pose à la mode que Thomas Gainsborough utilise pour plusieurs autres portraits. Sa femme est quant à elle assise sur un banc.

Le ciel anglais, à l'arrière-plan, est à la fois parsemé de nuages et lumineux : tandis que la partie gauche de la toile est ombrageuse et sombre, à droite, le soleil darde ses rayons sur la plaine. La composition se retrouve ainsi divisée en quatre parties définies par le fond : ciel clair, plaine illuminée, ciel sombre, plaine ombragée. D'un trait fin, le paysage est peint avec grande précision, à l'instar des modèles. En cela, Thomas Gainsborough obéit encore à l'approche classique de la peinture.

L'ENFANT BLEU

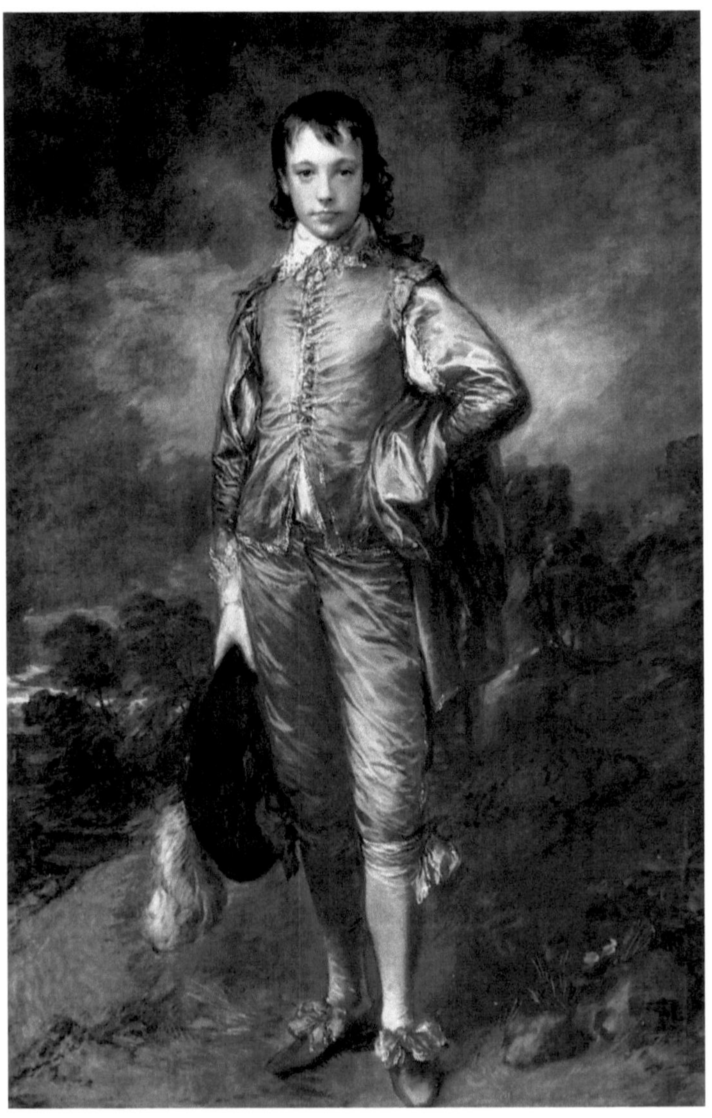

L'Enfant bleu (Portrait de Jonathan Buttall), 1770, huile sur toile, 113 x 104 cm, San Marino (Californie), Henry E. Huntington Library and Art Gallery.

Cette œuvre, connue en Angleterre sous le nom de *The Blue Boy*, est probablement la plus célèbre de Thomas Gainsborough. Elle a d'ailleurs inspiré un film allemand, *Der Knabe in Blau* (1919), de Friedrich Wilhelm Murnau (1888-1931). L'enfant représenté, Jonathan Buttall, est le fils d'un riche quincailler de Soho (quartier animé de Londres) possédant une résidence à Ipswitch, où la toile est réalisée. Le peintre et le jeune homme entretiennent une profonde amitié basée sur leur passion commune pour la musique. Des analyses aux rayons X ont révélé que sous la surface de peinture se cache le portrait d'un vieil homme. L'utilisation d'une toile de récupération semble confirmer que ce portrait n'est pas le fruit d'une commande, mais qu'il a été peint pour le plaisir de son auteur.

La tenue du poseur, à l'ancienne, évoque davantage le siècle de Van Dyck que celui de Gainsborough. Il s'agit d'un style alors en vogue, et Thomas Gainsborough possède d'ailleurs plusieurs tenues masculines et féminines de cette mode qu'il met à disposition des clients désireux d'être représentés ainsi vêtus.

Si la pose de Jonathan Buttall est clairement un hommage à la peinture de Van Dyck, la force des traits et l'intensité de l'expression sont caractéristiques de l'art de Gainsborough qui délaisse ici l'aspect académique de ses œuvres précédentes. Désormais, l'émotion et le mouvement priment sur tout le reste. Le personnage contraste habilement avec le fond sombre dans lequel le mouvement du vent qui perturbe le paysage est rendu par des traits vifs, rapides et plus épais. Cette opposition entre les traits fins et précis aux teintes brillantes du poseur et le paysage aux tracés torturés confère une grande intensité à l'ensemble.

PAYSANS ALLANT AU MARCHÉ

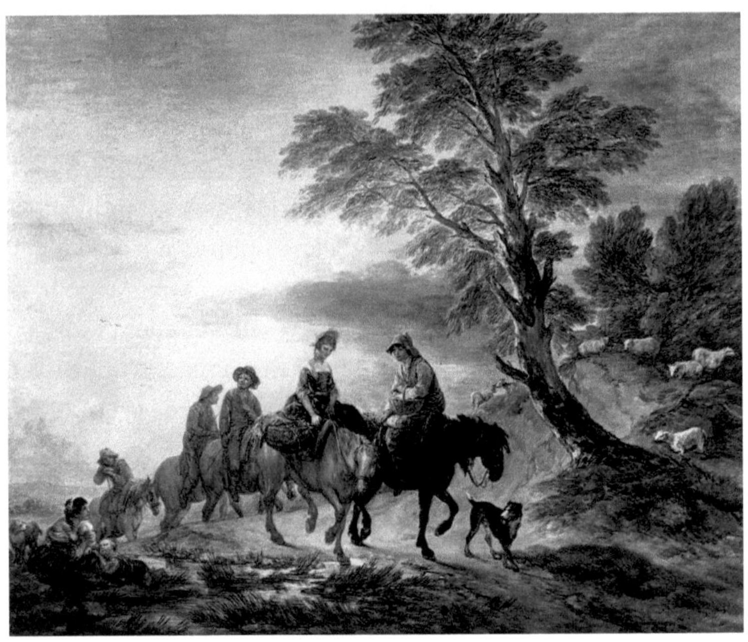

Paysans allant au marché, 1773, huile sur toile, 121 x 147 cm, Egham (Surrey), Royal Holloway College.

Cette œuvre emplie de jeux de lumière évoque à merveille le charme qu'opère la nature sur l'artiste. L'aube dans la campagne est ici l'occasion pour Thomas Gainsborough de se perdre dans le plaisir de la représentation des reflets dorés et rougeoyants. La douce blancheur du ciel et la légèreté du trait nous plongent irrémédiablement dans la fraîcheur des premiers instants de cette venteuse et nuageuse journée anglaise.

Le thème n'est clairement pas réaliste. La femme dans l'ombre assise dans l'herbe aux côtés de ses enfants encore endormis, sur la gauche de la toile, les moutons dans la lumière et sur les hauteurs, à droite, ou encore les cavaliers traçant une ligne centrale entre la nuit et le jour... tous ces éléments sont idéalisés et emplis de musicalité. La scène semble évoluer au rythme lent du jour qui se lève.

MRS MARY ROBINSON

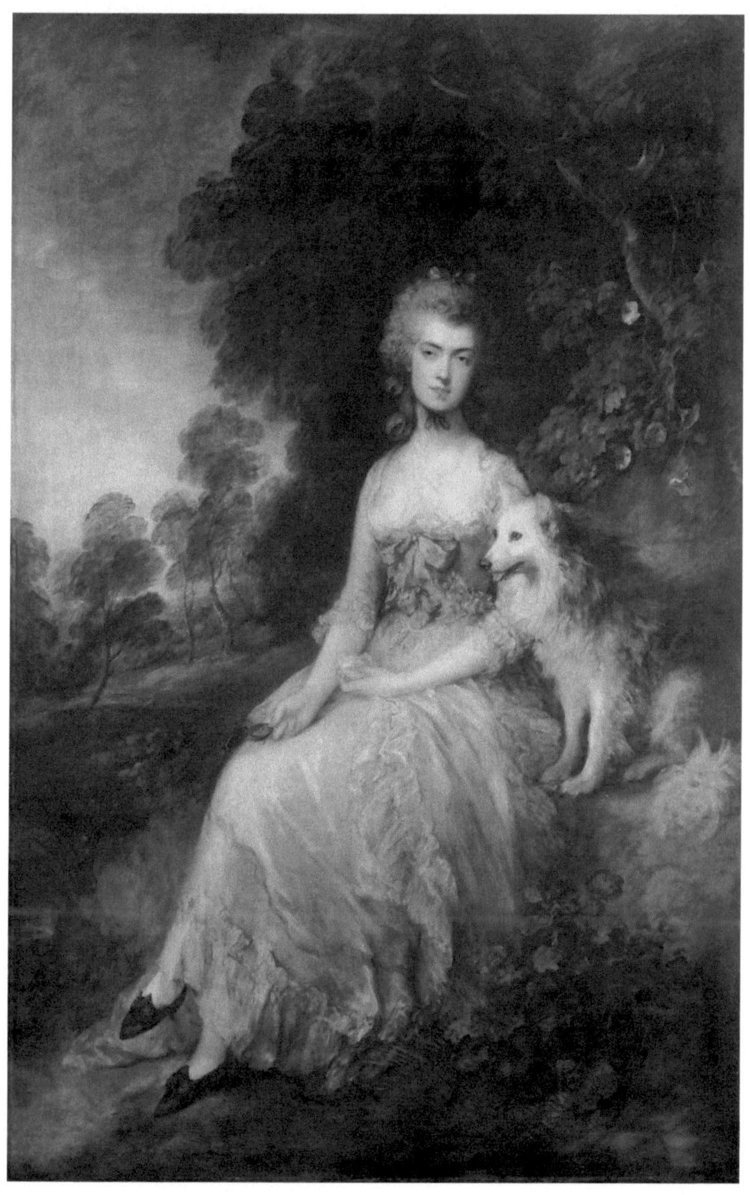

Mrs Mary Robinson (*Perdita*), 1781, huile sur toile, 228 x 153 cm, Londres, The Wallace Collection.

Ce portrait de Mrs Mary Robinson, aux couleurs douces, un peu sombres, et aux légers effets de lumière laiteuse qui se posent subtilement sur la peau de la jeune femme aux formes voluptueuses, dégage un charme presque sensuel.

La pose élégante du modèle, les doigts de sa main délicatement présentés, ses pieds menus laissant deviner de fines jambes entrecroisées, ses yeux malicieux et son sourire fin témoignent particulièrement bien de la sensibilité de Thomas Gainsborough à l'égard de ses modèles féminins. Éternel admirateur de la beauté du sexe opposé, l'artiste cherche ici à la sublimer. La scène renvoie d'ailleurs peut-être davantage à l'émotion du peintre qu'à celle de la femme dont il peint le portrait.

Afin de faire ressortir la finesse des traits de Mrs Mary Robinson, Gainsborough travaille le drapé de sa robe par jets vifs et aplats de couleurs où les tracés de pinceaux visibles contrastent avec la luminosité fragile émanant de la peau de la jeune femme. Tout en mettant en évidence les différences de textures, sa robe légère et claire établit un lien entre sa peau et le pelage de son chien qui, lui-même, permet à la lumière de se mêler aux ombres du décor sauvage qui les entoure.

LA FILLE À LA CRUCHE

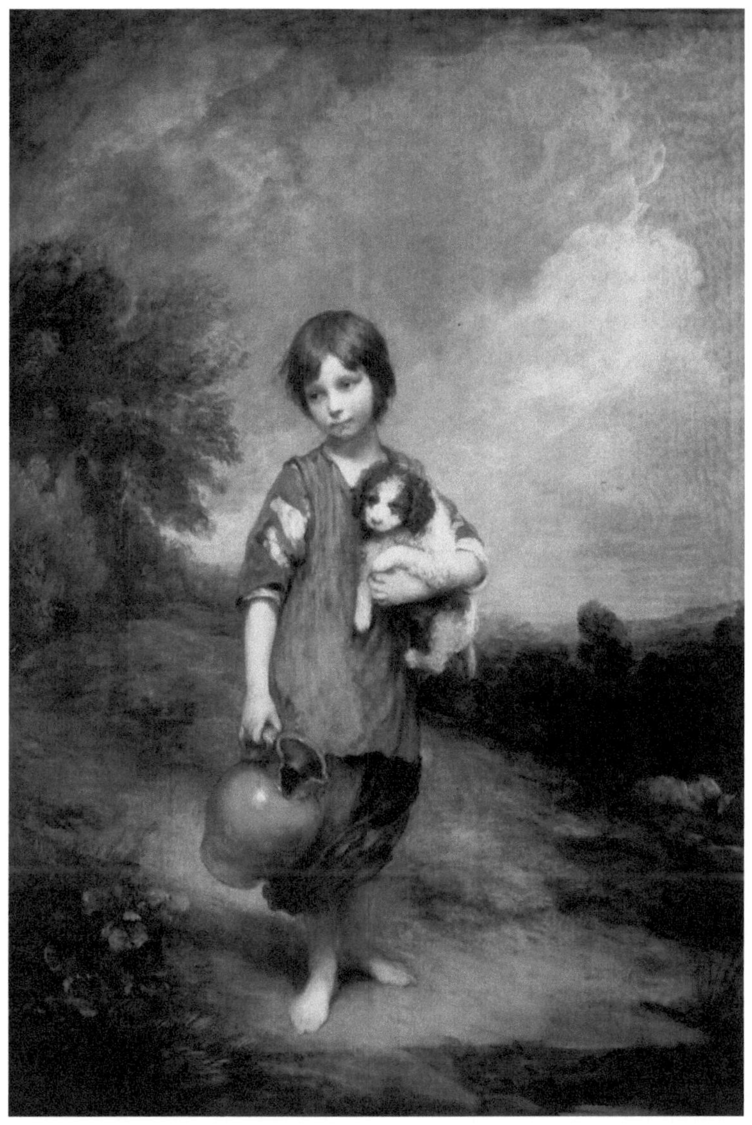

La Fille à la cruche, 1785, huile sur toile, 174 x 124 cm, Dublin, The National Gallery of Ireland.

À la fin de sa vie, à l'instar de Sir Joshua Reynolds, Thomas Gainsborough propose des compositions originales connues sous le nom de scènes de genre. Il s'agit de représentations de gens du peuple dans des scènes du quotidien. La plus populaire de ces toiles est certainement *La Fille à la cruche*, une enfant au visage poupon dont les yeux sont perdus dans le vide et qui serre un chiot contre son cœur. Vêtue de guenilles, vagabondant pieds nus dans la campagne à la recherche d'une eau qu'elle compte puiser à l'aide d'une cruche brisée en son sommet – à moins que sa cruche soit déjà remplie –, cette petite fille au regard doux et triste offre une vision d'une mélancolie poignante.

Thomas Gainsborough a fait la connaissance de son modèle à Richmond Hill, au sud-ouest de Londres, une rencontre qui l'aurait beaucoup marqué. D'ailleurs, il semble que ce soit la même enfant qui ait déjà posé pour l'artiste trois ans plus tôt, pour une autre scène de genre intitulée *La Fille avec des cochons*.

THOMAS GAINSBOROUGH, UNE SOURCE D'INSPIRATION

Parce qu'il aborde le portrait selon une formule originale et ouvre ainsi la voie à de nouvelles approches du genre, Thomas Gainsborough, à l'instar de confrères tels qu'Allan Ramsay, George Romney (1734-1802) ou encore Sir Joshua Reynolds, contribue grandement à l'expansion de l'art du portrait auprès d'un public de plus en plus large. Toutefois, bien que l'imagination féconde et la grande liberté dont le peintre fait preuve sont considérées, de nos jours, comme des traits qui ont marqué l'école anglaise du XVIIIe siècle, le seul élève qu'on lui connaisse, à partir de 1772, est son neveu Gainsborough Dupont (1754-1797) qui s'inspire largement des techniques de son oncle tout au long de sa carrière de peintre.

Paradoxalement, ce ne sont pas tant les portraits de Thomas Gainsborough qui rencontrent le succès après sa mort, mais bel et bien ses paysages. S'il y a bien un admirateur inconditionnel de ce pan de son œuvre, c'est sans conteste le peintre romantique John Constable. Également originaire du Suffolk, il est lui aussi très attaché à la campagne qui s'étend le long du cours de la Stour, et y trouve sa première source d'inspiration. Il exploite ainsi abondamment les thèmes et les techniques de Gainsborough. Par exemple, afin d'obtenir des rendus plus profonds, il peint, à l'instar de son modèle, ses avant-plans avec des traits plus fins tandis que ses arrière-plans présentent des traits plus épais.

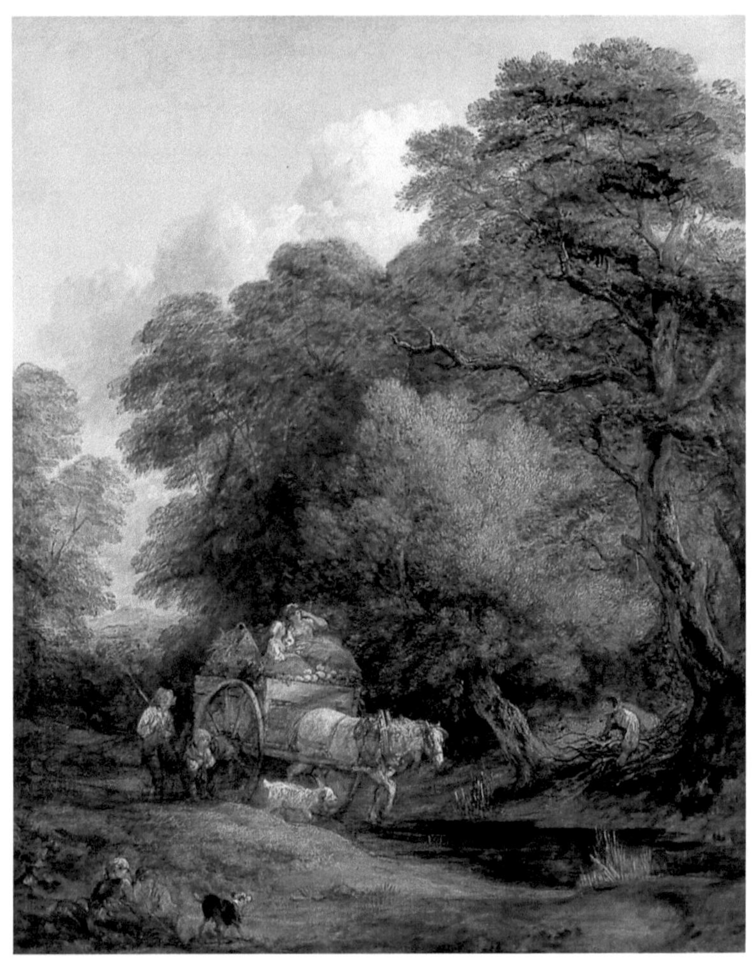

GAINSBOROUGH (Thomas), *La Charrette du marché*, 1786, huile sur toile, 184 x 153 cm, Londres, Tate Gallery.

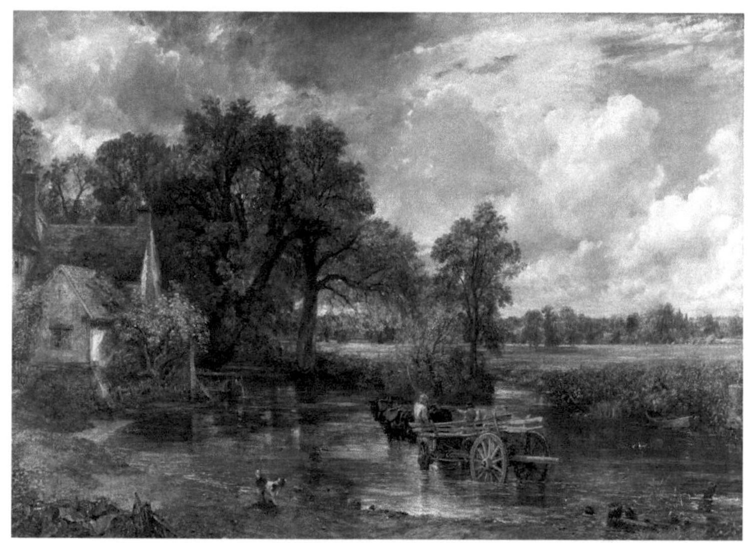

Il est significatif que John Constable ait lui-même exercé une grande influence sur le romantisme pictural français, notamment sur le père du mouvement, Eugène Delacroix (1798-1863). Dans son journal, ce dernier fait en effet plusieurs fois part de son admiration pour l'œuvre de Constable. Il est par ailleurs largement admis de nos jours qu'Eugène Delacroix a été influencé par le trait du peintre anglais, empli de vibration et particulièrement animé, ainsi que par ses contrastes de couleurs si marqués. L'artiste français ignorait probablement que ces caractéristiques étaient elles-mêmes héritées de l'œuvre de Thomas Gainsborough.

Le même phénomène s'est produit avec les impressionnistes, notamment Camille Pissarro (1830-1903), Alfred Sisley (1839-1899), Paul Cézanne (1839-1906) ou encore Pierre Auguste Renoir (1841-1919). Inspirés par le travail de John Constable, ils l'auraient certainement été tout autant par celui de Thomas Gainsborough si la renommée de ce dernier avait traversé la Manche. Ainsi, on retrouve une filiation picturale de Gainsborough aux romantiques et aux impressionnistes, avec Constable comme point de liaison.

LE ROMANTISME ET L'IMPRESSIONNISME

Le romantisme prend son essor en Allemagne et en Angleterre à la fin du XVIIIe siècle, avant de se répandre dans l'ensemble de l'Europe au début du XIXe siècle. Mouvement littéraire et artistique, il se fait connaître à travers son idéologie du refus, spécifiquement à l'égard d'une époque considérée comme liberticide. En peinture comme dans les autres arts, le romantisme met en avant les émotions. Cela se traduit par des traits vifs, des couleurs très marquées, beaucoup de mouvement et de vibration, des aplats de couleur privilégiant l'intensité sur la netteté et une grande vitalité. À la suite du romantisme, le courant impressionniste, né à la fin du XIXe siècle, cherche à accentuer encore davantage le ressenti, rompant définitivement avec l'art académique.

EN RÉSUMÉ

- Thomas Gainsborough, né dans le Suffolk en 1727, est profondément inspiré par les paysages de sa région natale tout au long de sa carrière. Mais s'il affectionne tout particulièrement le paysagisme, c'est en tant que portraitiste qu'il fait carrière.

- L'artiste s'attelle toute sa vie à mêler les deux genres, en insérant ses portraits dans des paysages de façon harmonieuse et naturelle. Cette harmonie compte d'ailleurs parmi ses plus belles réussites.

- L'art de Thomas Gainsborough s'érige en opposition à celui de ses contemporains, notamment Sir Joshua Reynolds, son éternel rival. Autodidacte, l'artiste privilégie le naturel, la spontanéité et l'émotion, ce qui en fait un précurseur du romantisme pictural. Passionné par la musique, il compare ses œuvres à des mélodies dont on suivrait naturellement le cours en parcourant la toile.

- Par ailleurs, le trait de Gainsborough est vif, rapide et léger, et il prête une grande attention aux jeux d'ombres, de contrastes et de lumière, ainsi qu'aux reflets chamarrés. Autant de caractéristiques qui annoncent elles aussi les peintres romantiques.

- S'il peint toutes les classes de société, ses principaux clients sont les bourgeois, qui entendent bien, en se faisant immortaliser sur la toile, étaler leur réussite. Mais il s'intéresse également beaucoup aux paysans, surtout à la fin de sa carrière. Quelle que soit la personne représentée, Gainsborough parvient à faire ressortir avec brio son caractère et son état d'esprit.

- Bien que, de son vivant, ce soit ses portraits qui lui valent le succès, après sa mort, ce sont surtout ses paysages qui le font passer à la postérité. Il exerce notamment une influence majeure sur la peinture de John Constable.

POUR ALLER PLUS LOIN

SOURCES BIBLIOGRAPHIQUES

- BERSANI (Jacques) (sous la dir.), *La Grande Histoire des littératures. Héritages et courants*, Paris, Encyclopaedia Universalis & Le Grand Livre du Mois, 2001.
- COLLECTIF, *La Peinture britannique de Gainsborough à Bacon*, Paris, Galerie des Beaux-Arts de Bordeaux, 1977.
- CORMACK (Malcolm), *The Paintings of Thomas Gainsborough*, Cambridge, Cambridge Press University, 1991.
- HAYES (John), *Gainsborough. Paintings and Drawings*, London, Phaidon Press Limited, 1975.
- MEYER (Laure), *Les Maîtres du paysage anglais. De la Renaissance à nos jours*, Paris, Éditions Pierre Terrail, 1992.
- QUENNELL (Peter), *L'Angleterre romantique, écrivains et peintres. 1717-1851*, Londres, Éditions du Chêne, 1972.
- WOLFF (Lucien), « Thomas Gainsborough. Aperçus sur l'homme et l'artiste », in *Annales de Bretagne*, tome 42, 1935, n° 1-2, p. 204-226.

SOURCES ICONOGRAPHIQUES

- CONSTABLE (John), *La Charrette de foin*, 1821, huile sur toile, 130 x 185 cm, Londres, The National Gallery. La photo reproduite est réputée libre de droits.
- GAINSBOROUGH (Thomas), *La Charrette du marché*, 1786, huile sur toile, 184 x 153 cm, Londres, Tate Gallery. La photo reproduite est réputée libre de droits.

- GAINSBOROUGH (Thomas), *La Fille à la cruche*, 1785, huile sur toile, 174 x 124 cm, Dublin, The National Gallery of Ireland. La photo reproduite est réputée libre de droits.
- GAINSBOROUGH (Thomas), *L'Enfant bleu* (*Portrait de Jonathan Buttall*), 1770, huile sur toile, 113 x 104 cm, San Marino (Californie), Henry E. Huntington Library and Art Gallery. La photo reproduite est réputée libre de droits.
- GAINSBOROUGH (Thomas), *Les Filles du peintre en train de chasser un papillon*, vers 1756, huile sur toile, 104 x 113,7 cm, Londres, The National Gallery. La photo reproduite est réputée libre de droits.
- GAINSBOROUGH (Thomas), *Mr and Mrs Robert Andrews*, 1748-1750, huile sur toile, 69 x 119 cm, Londres, The National Gallery. La photo reproduite est réputée libre de droits.
- GAINSBOROUGH (Thomas), *Mrs Mary Robinson* (*Perdita*), 1781, huile sur toile, 228 x 153 cm, Londres, The Wallace Collection. La photo reproduite est réputée libre de droits.
- GAINSBOROUGH (Thomas), *Paysans allant au marché*, 1773, huile sur toile, 121 x 147 cm, Egham (Surrey), Royal Holloway College. La photo reproduite est réputée libre de droits.

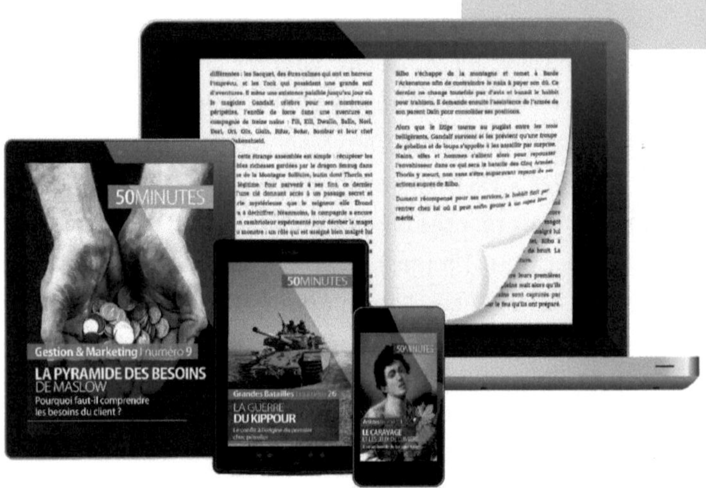

50MINUTES

www.50minutes.com

Éditeur responsable : Lemaitre Publishing
Rue Lemaitre 6 | BE-5000 Namur
info@lemaitre-editions.com

ISBN ebook : 978-2-8062-5842-7
ISBN papier : 978-2-8062-5843-4
Dépôt légal : D/2015/12603/8
Photo de couverture : © *Mr and Mrs Robert Andrews* (1748-1750), par Thomas Gainsborough (détail).

Conception numérique : Primento, le partenaire numérique des éditeurs